Este libro que fomenta la hermandad pertenece a:

A todas las hermanas, ya sea que se amen mucho o que todavía estén aprendiendo, Dios quiere que sean amables, pacientes y amorosas unas con otras.

Recuerden, Dios siempre está con ustedes. Él les ayuda a amar, perdonar y mantenerse fuertes juntas.

"Sean amables y cariñosas unas con otras. Perdónense unas a otras, así como Dios las perdonó." (Efesios 4:32)

Con amor, Yolanda, Jah'Nay y Jae'Dyn

Queen Becky
and Her Four
Puerto Rican Princesas
La Reina Becky y sus cuatro
princesas puertorriqueñas
Yolanda Lance, B.A., M.Ed., Ed.S.,
with Jah'Nay and Jae'Dyn McDowell

ISBN: 978-1-972454-30-5

La Reina Becky y sus cuatro princesas puertorriqueñas

Yolanda Lance, Jah'Nay McDowell o Jae'Dyn McDowell
Conyers, GA
www.yolandipity.net
yolandipity@gmail.com o yolandaeducates@yahoo.com

Todas las citas bíblicas utilizadas provienen de la Versión King James de la Biblia.
Impreso en los Estados Unidos de América.

Una mañana, las cuatro princesas flamencos puertorriqueñas discutieron sobre quién ayudaría a su mamá, la Reina Becky, a preparar la comida para el gran festival. La Reina Becky es una cocinera increíble, conocida por su Arroz con gandules y su Ensalada de Bacalao.

"¡Yo cocino mejor!" dijo Vanessa.
"¡Ustedes no escuchan!" dijo April.
Monic suspiró: "Nadie me entiende."
Rachel cruzó los brazos. "Yo solo quería que nos divirtiéramos…"

La Reina Becky las observó en silencio, triste por su comportamiento, y luego las llamó para que se sentaran en el sofá de la sala.

"Mis dulces princesas," dijo la Reina Becky suavemente,
"hoy aprenderán cómo ser buenas hermanas.
Dios las hizo para amarse y cuidarse unas a otras."
Ella abrió su Biblia.

"¿Recuerdan a Miriam?" preguntó.
"¿La que cuidó al bebé Moisés?" dijo Monic,
la primera de la familia.
"Sí," sonrió la Reina Becky.

"Ella cuidó a su hermano con amor y valentía.
Eso es lo que hacen las hermanas:
se cuidan unas a otras."

Las hermanas se quedaron en silencio.

HOLY
BIBLE

La Reina Becky continuó: "¿Y qué hay de Rut en
la Biblia?"
Los ojos de April se iluminaron, la tercera
de la familia. "Ella se quedó con Noemí y dijo:
'¡Donde tú vayas, yo iré!'"

"Exactamente," dijo la Reina Becky. "Ser hermanas
significa ser leales, incluso cuando es difícil."
"Nos hacemos más fuertes cuando las cosas
son difíciles," dijo April.

"Mamá, recuerdo cuando jugamos
el juego de adivinanzas y el tío Sandy ganó.
Yo no gané, pero aprendí algo importante:
las cosas no siempre son lo que parecen."

La Reina Becky sonrió. "Está bien. Podemos seguir
siendo amables, alegrarnos por los demás y
ser leales unas a otras."

HOLY
BIBLE

Vanessa miró a la Reina Becky con sus hermosos ojos.
Se sentía triste porque ella y sus hermanas estaban
discutiendo. La Reina Becky le tocó suavemente el
hombro.

Como todas sus dulces princesas, Vanessa también
tenía un lugar especial en el corazón de la Reina Becky.
Esta dulce princesita era la más pequeña de la familia.
"La Biblia nos enseña a ayudarnos y a animarnos
unas a otras," dijo la Reina Becky.
"Sí, mami," dijo Vanessa, "como cuando pasamos
el día con la abuela y yo puse con mucho amor
la grava en el patio, en ese día brillante y soleado."

"¡Exactamente!" dijo la Reina Becky mientras se reía
suavemente, recordando cómo la había animado
desde dentro de la casa.

"Cuando una hermana está triste, todas nos
preocupamos. Cuando una hermana está feliz, todas
celebramos. Cuando una hermana cae, todas la
ayudamos a levantarse."

HOLY
BIBLE

Rachel, la segunda de la familia, susurró: "Entonces...
¿debemos ayudarnos unas a otras y no pelear?"
La Reina Becky sonrió. "Así es."

"¡Ohhh, ya entiendo! Como cuando necesitaba ayuda
en el baño," dijo Rachel. "Grité: '¡Mami, necesito
ayuda!' Tú viniste rápido, y después nos empezamos
a reír las dos."

"Bueno," dijo la Reina Becky riendo, "¡esa fue toda
una pequeña aventura!"

HOLY
BIBLE

Monic preguntó: "¿Pero qué pasa si somos diferentes?"
La Reina Becky asintió. "Está bien. Nos ayudamos unas
a otras a crecer y a ser mejores."

"Dios nos hizo a cada una especial y única," dijo ella.
"No somos todas iguales."

Monic pensó por un momento. "¡Ah, ya entiendo! Como
el bebé Tokyo, él es diferente de los otros perritos, pero
aún lo amamos."

"Y como mi hermoso jardín con lindas plantas, frutas y
vegetales," añadió sonriendo, "se ve diferente del tuyo,
pero yo también amo tu jardín."

"Así es," dijo la Reina Becky guiñando un ojo.

HOLY
BIBLE

"Ustedes son diferentes porque Dios las hizo así," dijo la Reina Becky.

"Mis dulces princesas, cada una de ustedes es amorosa, amable, valiente y cariñosa a su propia manera especial."

"¡Juntas pueden hacer cosas grandes y ayudarse unas a otras!"

Las princesas se miraron y sonrieron.

"Lo siento," dijo Vanessa.
"Te amo, Monic. Eres fuerte, valiente, no te rindes cuando las cosas son difíciles, siempre intentas hacer lo mejor, y eres una gran cocinera como mamá."

"Yo también te amo, Vanessa, y voy a intentar escuchar más," dijo Monic.

"También me encanta lo fuerte que eres por dentro.

Sigues adelante y siempre haces lo mejor en todo lo que haces," dijo Monic.

Se dieron un gran abrazo y prometieron ser las mejores hermanas para siempre.

"Voy a usar palabras amables," dijo April.

"Rachel, te amo y admiro lo mucho que trabajas.
Cuidas muy bien de los flamencos bebés. Eres amable,
divertida, una gran oyente, y nos ayudas
a mantenernos seguras," dijo April.

En ese momento aprendieron que ser hermanas no
significa ser iguales, sino amarse unas a otras.

"April, yo también te amo," dijo Rachel. "Me encanta
cómo siempre ayudas a los demás.
Tú nos cuidas y estás ahí cuando te necesitamos."

Se dieron un gran abrazo y prometieron ser las mejores
hermanas para siempre.

La Reina Becky decidió que se quedarían en casa, cocinarían juntas y tendrían su propia pequeña celebración.

Se sentaron en la mesa de picnic mientras la Reina Becky comenzó a hablar.

"Mis amores," dijo ella, "siempre recuerden que ser hermanas significa amarse, ser amables y mantenerse juntas pase lo que pase."

También les enseñó a las princesas a llamarse unas a otras y a mostrar amor, incluso cuando es difícil.

La Reina Becky susurró suavemente: "Mis dulces princesas… ustedes son más que solo hermanas. Entiendan que son hermanas en el amor de Dios."

Esa noche, su celebración fue hermosa,
y se divirtieron mucho, no porque todo o todos
fueran "perfectos", sino porque trabajaron juntas,
se rieron juntas y se mostraron amor unas a otras.

La Reina Becky las observaba con alegría. Sabía que
sus dulces princesas habían aprendido una lección muy
importante: tener una hermana y ser una hermana
es un regalo especial de Dios, y deben amarse
y cuidarse cada día.

La Reina Becky estaba tan feliz que decidió enseñarles
a sus hijas a bailar salsa y merengue.

La Reina Becky y sus Cuatro Princesas Puertorriqueñas

La Reina Becky brilla con un amor
radiante, y guía a sus hijas hacia el
camino correcto. Monic es bondadosa
y ama aprender;
Rachel ríe y se alegra a cada paso.
April ayuda con un corazón compasivo;
Vanessa es valiente y cumple su
misión. Cuatro princesas, orgullosas y
leales, que ponen amor en todo lo que
dicen y hacen. Hagan brillar su luz, dice
la Reina Becky, y caminen con amor en
todos sus senderos. Una Reina, cuatro
niñas, una familia fuerte; unidas por el
amor, en el lugar
al que pertenecen.